ブライアン・スティーヴンソン

Bryan Stevenson

信念は社会を変えた！

ジェフ・ブラックウェル＆ルース・ホブデイ／編　原田 勝／訳

NELSON MANDELA
FOUNDATION
Living the legacy

in association with
Blackwell & Ruth.

ブライアン・スティーヴンソン

ネルソン・マンデラと、その遺志《いし》に捧《ささ》ぐ

つきつめて言えば、

ある社会がどんな社会かを判断するには、

富裕層《ふゆうそう》や権力者《けんりょくしゃ》、特権《とっけん》階級が

どうあつかわれているかではなく、

貧しい人や死刑囚《しけいしゅう》、その他の受刑者《じゅけいしゃ》が

どうあつかわれているかを見ればいい。

なぜなら、

そういう視点《してん》で見ることによって初めて、

人は自分がどういう人間なのか、

真に深く理解しはじめるからだ。

はじめに

一九八九年七月、ブライアン・スティーヴンソンは、アメリカ合衆国《がっしゅうこく》アラバマ州にあるホールマン刑務所《けいむしょ》からの電話を受けた。かけてきたのはハーバート・リチャードソンという、死刑《しけい》囚監房《しゅうかんぼう》に収容《しゅうよう》中のアフリカ系《けい》アメリカ人男性で、一か月後に死刑執行《しけいしっこう》が決まったところだった。リチャードソンは、スティーヴンソンに弁護人になってほしいと懇願《こんがん》した。なんの希望ももてないのなら、どうやって毎日を送ればいいかわからない、と。それから死刑執行《しけいしっこう》までのあいだ、スティーヴンソンは刑《けい》の延期《えんき》を求めてありとあらゆる手をつくした。返ってくる言葉はいつも同じ、「もうおそい」だった。

リチャードソンはヴェトナム戦争の従軍《じゅうぐん》経験があり、心的外傷《がいしょう》後ストレス障害《しょうがい》に苦しんでいたし、幼《おさな》い頃《ころ》に母親を亡《な》くし、麻薬《まやく》の濫用《らんよう》やアルコールの過剰摂取《かじょうせっしゅ》の経験もあった。そして、別れた交際相手の気持ちを再び自分にむけさせようと、見当ちがいの賭《か》けに打って出た。女性の家のポーチに手製の爆弾《ばくだん》をしかけたのだ。命の恩人になれれば以前の関係にもどれると考えたのだが、実際には爆弾《ばくだん》をひろいあげた彼女《かのじょ》の幼《おさな》い姪《めい》が、爆発《ばくはつ》で即死《そくし》してしまった。心的外傷《がいしょう》を受けた過去があり、殺意がないことは明らかだったにもかかわらず、リチャードソンは死刑《しけい》判決を受けた。

スティーヴンソンは、死刑執行《しけいしっこう》の数分前までリチャードソンにつきそった。リチャードソンは苦しみ、動揺《どうよう》し、体毛をそられたことに屈辱《くつじょく》を感じていた。二人はともに祈《いの》り、抱擁《ほうよう》を交《か》わしたが、一九八九年八月十九日午前零時《れいじ》十四分、リチャードソンは電気椅子《いす》の上で息絶えた。四十三歳《さい》だった。

この案件は、ブライアン・スティーヴンソンが、公益弁護士（社会的弱者への法的サービスを主たる業務とする弁護士）としての長いキャリアの中であつかってきた数多くの案件のひとつにすぎない。しかし、計りしれない影響《えいきょう》を受けた案件だった。なぜなら、彼《かれ》はこれを契機《けいき》に死刑《しけい》に対する考え方を一変させ、死刑囚《しけいしゅう》への刑《けい》の執行《しっこう》を食いとめる闘《たたか》いに挑《いど》みはじめたからだ。

「死刑《しけい》の問題は、その人物の罪が死に値《あたい》するかどうかではありません……。その前に考えなければならないのは、われわれに人を殺す権利《けんり》があるのか、ということです」

スティーヴンソンは人種差別の色濃《いろこ》い環境《かんきょう》で育った。曽《そう》祖父母は奴隷《どれい》の子として生まれ、彼《かれ》自身はデラウェア州の田舎《いなか》にある黒人だけの集落で育てられた。ロー・スクールを卒業し、ジョージア州アトランタの南部囚人《しゅうじん》弁護委員会で働きはじめると、人種による偏見《へんけん》や迫害《はくがい》に何度も遭遇《そうぐう》する。それは担当《たんとう》した案件でのことだけでなく、時には司法当局の白人たちから、スティーヴンソン本人が不当なあつかいを受けることもあった。

一九八九年に、〈司法の公正構想（ＥＪＩ：the Equal Justice Initiative)〉という組織を共同で設立すると、スティーヴンソンへの不当なあつかいは一段《いちだん》とその頻度《ひんど》を増した。アラバマ州モンゴメリーに事務所をかまえるＥＪＩは、死刑《しけい》判決を受けて収監《しゅうかん》されている人たちに、無償《むしょう》で法律《ほうりつ》的支援《しえん》を提供《ていきょう》する非営利の法律《ほうりつ》相談所だ。組織が大きくなるにつれて支援《しえん》対象は広がり、過大な量刑《りょうけい》や不当な有罪判決を言いわたされた被告《ひこく》、仮釈放《しゃくほう》の可能性のない終身刑《しゅうしんけい》を受けた未成年者、精神疾患《しっかん》を考慮《こうりょ》されずに判決を受けた者への支援《しえん》も行うようになった。

スティーヴンソンはこれまで、人は身にふりかかった最悪の事態でその後の人生を決められるべきではないという、ゆるぎない信念に従《したが》って行動してきた。どんな人間も変わる力をもっているし、罪をつぐなう機会を与《あた》えられるべきだ。どんな人間も公平にあつかわれるべきなのだ。ところが、アフリカ系《けい》アメリカ人にとっては、そうなっていない。「私《わたし》たちの社会は、黒人の若者《わかもの》は危険《きけん》だ、有罪だと、初めから決めてかかっています。そうした先入観があるために、警官《けいかん》による不当な発砲《はっぽう》が起きるだけでなく、不当逮捕《たいほ》が行われ、不当な有罪判決、死刑《しけい》判決が下されているのです。この国には、国民を、こうした人種のちがいというレンズを通して見てきた長い歴史があることに疑問《ぎもん》の余地はありません。それは奴隷制《どれいせい》から今日の黒人容疑者《ようぎしゃ》のあつかいに直結しており、そのような歴史は恥《は》ずべきものだと認識《にんしき》する必要があります」*1

ウォルター・マクミリアンの例は、裁判史《さいばん》に残るそうした差別の一例だった。マクミリアンは、一九八六年にアラバマ州モンローヴィルで、地元の十八歳《さい》の白人女性ロンダ・モリソンを殺害した罪で死刑《しけい》判決を受けていた。マクミリアンには確固としたアリバイがあり、多くの証人がそれを裏《うら》づける証言をしていたにもかかわらず、犯人逮捕《たいほ》の必要性に迫《せま》られていた地元警察《けいさつ》に目をつけられてしまった。マクミリアンは彼《かれ》の暮《く》らしている地区ではすでに、白人の既婚《きこん》女性と異《い》人種間の男女関係をもったという評判が立っていて、一部白人の怒《いか》りを買っていたのだ。

犯罪常習者二名による偽証《ぎしょう》しかなく、不利な物的証拠《しょうこ》もなかったのに、マクミリアンは白人が多数を占《し》める陪審《ばいしん》によって第一級殺人の有罪判決を受ける。さらに白人のロバート・E・リー・キー判事は、アラバマ州では訴訟《そしょう》手続きとして二〇一七年まで合法だった裁判官《さいばんかん》の優越《ゆうえつ》を行使して、陪審《ばいしん》による終身刑《しゅうしんけい》の評決をくつがえし、死刑《しけい》判決を下した。*(i) スティーヴンソンが二十八歳《さい》でこの事件を初めて引きうけた時、キー判事は彼《かれ》に電話をかけてきて、マクミリアンの弁護をやめさせようとした。スティーヴンソンは判事の忠告《ちゅうこく》を無視《むし》し、弁護を継続《けいぞく》した。

ことあるごとに不正行為《こうい》や抵抗《ていこう》に直面し、爆破《ばくは》予告さえ何度か受けたが、スティーヴンソンと同僚《どうりょう》のマイケル・オコナーの決意はゆるがず、死刑《しけい》判決を受けたこの無実の男の釈放《しゃくほう》を求めつづけた。活動は数年がかりで実を結び、一九九三年に容疑《ようぎ》が晴れ、マクミリアンは釈放《しゃくほう》された。この釈放《しゃくほう》は正義が実現された注目すべき例であり、マクミリアンの不屈《ふくつ》の精神は希望と寛《かん》容《よう》がもつ力を如実《にょじつ》に示していた。「マクミリアンは私《わたし》に、それが希望への信頼《しんらい》に根ざし、惜《お》しみなく与《あた》えられるのなら、慈悲《じひ》は正義だと教えてくれた。慈悲《じひ》の心は、それを受けるに値《あたい》しない人たちにむけられる時こそ、相手を高め、解放し、変える力をもつ」スティーヴンソンは彼《かれ》の著書《ちょしょ》『黒い司法』(原題 "*Just Mercy: A Story of Justice and Redemption*"(公正な慈悲《じひ》：正義と救済《きゅうさい》の物語）」にそう書いている。「マクミリアンは、彼《かれ》を不当に告発した人々《ひとびと》、有罪判決を下した人々《ひとびと》、そして、彼《かれ》に慈悲《じひ》をかける必要などないと判断した人々《ひとびと》を心から許していた。そして結局、こうした他者への、いわば公正な慈悲《じひ》の心があったからこそ、彼《かれ》は祝福するにふさわしい人生をとりもどすことができたのだ[*2]」

スティーヴンソンは、マクミリアンのような、虐《しいた》げられ、社会からとりのこされて、声をあげることのできない人たちを支える活動を重ねてきた。三十年以上にわたって社会正義のためにたゆまず闘《たたか》い、アメリカにおける制度化された人種差別の根深さを訴《うった》えてきた。この間、百三十五名を超《こ》える受刑者《じゅけいしゃ》に対する救済措置《きゅうさいそち》や判決の破棄《はき》、釈放《しゃくほう》を勝ちとり、さらに彼《かれ》の尽力《じんりょく》もあって、合衆国最高裁判所《がっしゅうこくさいこうさいばんしょ》は未成年者に対する仮釈放《しゃくほう》のない終身刑《しゅうしんけい》を禁ずる裁定《さいてい》を下した。しかし、評価すべきはこれだけではないし、また、その非凡《ひぼん》な能力で、アメリカの刑事《けいじ》司法制度の早急な改革《かいかく》の必要性を明らかにしたという事実だけでもない。

真に評価すべきは、永遠に見通しが暗いと思える時でさえ、トンネルをぬけた先にある光を想像する彼《かれ》の力だ。そして、あらゆる人間には必ずよいところがあり、やりなおすチャンスを与《あた》える必要があると信じ、真実のもつ根源《こんげん》的な力に信頼《しんらい》をおいていることだ。変化は起こせるし、正義は見つかる、そして常に希望はあることを、スティーヴンソンは身をもって示している。大きな困難《こんなん》に直面した時でも、最後には善《ぜん》が勝つのだと。

「私《わたし》は今まで、多くの死刑囚《しけいしゅう》や受刑者《じゅけいしゃ》の心の奥底《おくそこ》に、希望や人間性のかけらがちらばっていることを発見してきました。そのかけらは、じつは再生の種であり、ちょっとした手助けによって栄養を与《あた》えられれば、芽を吹《ふ》き、驚《おどろ》くべき人生へとつながるのです[*3]」

私《わたし》たちは自由について多くを語ります。

平等について多くを語ります。

正義について多くを語ります。

しかし、私《わたし》たちは自由ではない。

私《わたし》たちにつきまとう影《かげ》があるのです。

インタビュー

――あなたにとって本当に重要なものは、何ですか？

公正、平等、正義が重要だと思います。これまで多くの人々《ひとびと》にとってきわめて不平等で不公正だった世界の歴史を変えることは、私《わたし》にはできません。しかし、不公正、不正義、不平等をなくすための制度や仕組み、考え方、行動様式の創出《そうしゅつ》に貢献《こうけん》したい。それが私《わたし》には重要です。だれにとっても重要な、人と人との基本的な関係性というものがありますが、それが、制度的抑圧《よくあつ》による構造上の不平等に縛《しば》られているのなら、本来私《わたし》たちが送れるはずの、真に人間らしい日々《ひび》が送れないと私《わたし》は考えます。できるだけ多くの人たちが、そうした真に人間らしい人生を送れるように、私《わたし》は自分にできることをやりたいのです。

私《わたし》にとって、ある地域《ちいき》社会で、正義が目に見えて力を増していくことほどうれしいことはありません。本質的な変化と思えるものによって、何年、何十年という不公正から人々《ひとびと》が立ちなおっていくのがわかるのがとてもうれしい。それが私《わたし》に力を与《あた》え、私《わたし》の仕事や人生を生き生きとしたものにしてくれるのです。

——子どもの頃《ころ》、何か具体的な夢や目標はありましたか？

幼《おさな》い頃《ころ》は、とくにほかの子どもたちと変わったところはなかったと思います。野球選手になりたかったですね。野球選手がだめなら、バスケットボール選手に。かなり幼《おさな》い頃《ころ》から音楽にも親しんでいたので、スポーツ選手でなければ、ミュージシャンになりたいと思っていました。もちろん、そんなものにはなれそうもないことが自分でもわかり始める時が、だれにでも訪《おとず》れるものです。その後は、とくに何になりたいという夢はありませんでした。「将来《しょうらい》は弁護士だ」と思いながら大きくなった人間ではないんです。じつは、初めて弁護士をしている人に会ったのは、ロー・スクール（法律《ほうりつ》の実務家を養成するための大学院）に入ってからです。ロー・スクールは、ほかに選択肢《せんたくし》がなくて行ったようなものでした。大学では哲学《てつがく》を専攻《せんこう》していたのですが、卒業が近づいた頃《ころ》、哲学《てつがく》では食べていけないことに気づいたのです。

大学院を調べてみると、この国の大学院で、歴史学や英語学や政治学の学位をとろうと思ったら、実際に、歴史学や英語学や政治学のことをある程度知らなければならないことがわかり、愕然《がくぜん》としました。最終的にロー・スクールに入ったのは、これを知らないと入れない、というものがとくになかったからです。最初は幻滅《げんめつ》していましたが、死刑《しけい》判決を受けた人々《ひとびと》に会い、今やっているような仕事のことを知って変わりました。でも、それほど明確なプランがあったわけではありません。人の力になりたい、自分が大人になるまでに味わった不平等や不正義をどうにかしたいという思いがあることは自覚していましたが、どうやってそれを実現するか、具体的な考えはありませんでした。

私《わたし》は、人助けの手段《しゅだん》を見つける人たちに、とても心を動かされました。有名な人たちだけでなく、私《わたし》が生まれ育った地域《ちいき》社会にいる人たちです。たとえば、食べ物をくれる年配の女性たちがそうでした。彼女《かのじょ》らは戸棚《とだな》にわずかな食べ物しか残っていなくても、家に迎《むか》えいれてくれました。知らない人でも、私《わたし》が痛《いた》い思いをしたり、困《こま》っていたりすれば、抱《だ》きしめてくれました。この目で見てきたそういう行為《こうい》こそが、私《わたし》という人間を作ったのです。

たぶん、私《わたし》の目標は、倒《たお》れた人を起こしてあげる人たちの一人になることだったんだと思います。苦しんでいる人を抱《だ》きしめ、行き場をなくした人を励《はげ》まし、たとえ多くの不平等や不正義に直面したとしても、勝利や正義の可能性を体現しているような人間になりたかったのです。
——これまでにだれか、その生き方や知恵《ちえ》で、あなたにとくに大きな影響《えいきょう》を与《あた》えた人はいましたか？

祖母です。私《わたし》がよく祖母の話をするのは、彼女《かのじょ》はまちがいなく家族のよりどころだったからです。先のことをよく考えている、頭のいい人でした。気丈《きじょう》で芯《しん》が強く、でも優《やさ》しくて愛情にあふれていました。私《わたし》がしょっちゅう祖母にまつわる話をするのは、それほど私《わたし》の人格形成に大きな影響《えいきょう》があったからです。

人種統合が私《わたし》が暮《く》らしていた町にもおよんだ時、みな、とても不安になりました。黒人の子どもたちが白人と同じ公立学校に通えるようになったら、どういうことが起きるのかよくわかっていなかったからです。私《わたし》は最初、黒人専用《せんよう》の小学校に通っていました。祖母は心配だったと思います。祖母が子どもの頃《ころ》は、人種が混じりあうことは決してありませんでした。そこで人種統合が宣言《せんげん》されると、祖母はあることをし始めました。毎朝、私《わたし》に近づき、抱《だ》きしめるようになったのです。あまりに強く抱《だ》きしめるので、私《わたし》に痛《いた》い思いをさせようとしているのではないかと思ったほどでした。そして、しばらくするとまた私《わたし》のそばに来て、こう言ったものです。「ブライアン、抱《だ》きしめられてる感じがまだ残ってるかい？」そして、「ううん」とでも答えようものなら、祖母はまた私《わたし》をぐいと抱《だ》きよせたものです。二か月もたつと私《わたし》は学習し、祖母を見るたびに、まずこう言うようになりました。「ああ、おばあちゃん、いつも抱《だ》きしめられてる気がするよ」すると、祖母はにっこり笑いました。そして、祖母がいったい何をしていたのか私《わたし》が理解したのは、ずっとあとになってからでした。

祖母は女中として働き、あちこちの家の掃除《そうじ》をしていました。九十すぎまで長生きしましたが、九十代になってからころんで腰骨《こしぼね》を折り、さらにがんと診断《しんだん》されました。私《わたし》が大学生の時に危篤《きとく》になり、会いに行きましたが、とてもつらい対面でした。なぜなら、祖母は私《わたし》にとって本当に大切な人だったからです。私《わたし》は横にすわり、今言ったようなことを話しながら、祖母の手をにぎっていました。祖母は目をとじたままで、私《わたし》の声が聞こえているかどうかもわかりません。しかし、帰らなければならない時刻《じこく》になり、私《わたし》はそれ以上、そこにいるわけにはいきませんでした。立ちあがり、ベッドのそばをはなれようとした時のことです。祖母が目をあけて私《わたし》の手をにぎり、こっちを見たのです。そしてこう言いました。「ブライアン、抱《だ》きしめられてる感じがまだ残ってるかい？」さらに、「いいかい、私《わたし》はこの先もずっと、お前のことを抱《だ》きしめてるからね」と。その後、私《わたし》の人生には、祖母に抱擁《ほうよう》されていると感じる瞬間《しゅんかん》が何度もありました。

こうした愛情は、苦労や逆境によって鍛《きた》えられ、自らの子や孫の世話や教育、幸福のために不断に捧《ささ》げられてきたものであり、その愛情から生まれる力こそが、ほかの何より、私《わたし》の背中《せなか》を強く押《お》してきたのです。じつは、祖母の両親は奴隷《どれい》でした。暴力をふるわれていた祖母は、ヴァージニア州から北をめざして逃《に》げました。投票権《とうひょうけん》を得たことはなく、本当にやりたかったことは何ひとつする機会がありませんでした。そして、ジム・クロウ法*〈ii〉による人種隔離《かくり》の看板《かんばん》を見ては、あらゆる屈辱《くつじょく》や憤《いきどお》りに耐《た》えなければなりませんでした。それでいて、祖母は思いやりにあふれた心の広い人でした。その事実が私《わたし》を突《つ》きうごかしました。祖母のような人たちが、私《わたし》の背中《せなか》を押《お》すのです。名前も知らないけれど、祖母のような生き方をしてきた人たちが私《わたし》の力の源《みなもと》だったのです。

私《わたし》は子どものころ、教会で歌ったり、ピアノを弾《ひ》いたりしていましたから、よく、「証し」と呼《よ》ばれる自らの体験を語る場にも居あわせました。するとやってきた信者たちが、身につまされるような話をします。今週は家族に行きわたるだけの食べ物がありません、とか、行方《ゆくえ》がわからない人がいる、とか、さまざまな問題を告白しましたし、家庭内で以前から暴力がふるわれているという話も聞きました。そういう身につまされる証言が次々《つぎつぎ》に行われるのです。ところがそのあとで、告白した当人たちが立ちあがり、歌いはじめます。「でも、今はもう、私《わたし》の旅に荷物はいらない……」*〈iii〉このような、苦労をして、さらにそれを乗りこえていこうとする精神、その意志や覚悟《かくご》こそが、私《わたし》を本当に励《はげ》ましてくれました。ですから、子どもの頃《ころ》、身のまわりにいたこういう女性たちこそが――時には男性のこともありましたが、私《わたし》にとっての真のヒーローであり、私《わたし》の力の真の源《みなもと》なのだと思っています。

＊

世界を変えられるのは

頭にある考えを

心にある信念が

支えている時だ。

言うまでもなく、今、私《わたし》がここにいるのは先人たちのおかげです。私《わたし》の曽祖《そう》父は奴隷《どれい》でしたが、言葉をあやつることに長《た》けた人でした。十二歳《さい》で字が読めるようになったものの、当時は、読み書きのできる奴隷《どれい》は命さえ危《あぶ》ないと言われる時代でした。しかしそのおかげで、奴隷《どれい》解放宣言《せんげん》が出されると、それまで奴隷《どれい》だった人たちが家にやってきて、曽《そう》祖父はその人たちに毎晩《まいばん》、新聞を読んでやっていたそうです。祖母は、父親が新聞を読めることがどれほど誇《ほこ》らしかったか、とよく話してくれましたし、自分も字が読めるようになりたいと思い、また私《わたし》の母にも読み方を教えたのだそうです。母も同じ考えで、わが家はとても貧しかったのに、借金をしてまで「ワールドブック百科事典」をひとそろい購入《こうにゅう》し、私《わたし》たちがそれを読んで世界のことを学べるようにしてくれました。

自分が愛している人たち、気にかけている人たちが、こうした思いをもって行動しているのを見れば、とても大きな影響《えいきょう》を受けるものです。私《わたし》が生まれ育った地域《ちいき》の人たちは、世の中から軽視《けいし》され、疎外《そがい》され、人種による差別を受けていました。事実上、私《わたし》たちの命は、他の人種の人たちの命ほど価値《かち》も意味もないと言われているようなものでした。お前たちは勤勉《きんべん》ではないし、頭も悪い、と。しかし、本当はいかに勤勉《きんべん》であり、献身的《けんしんてき》で賢《かしこ》いか、そして、そうした力を発揮《はっき》することを許されていないのかがわかると、その事実が背中《せなか》を押《お》してくれ、前に進もうとする意識を生むのです。まちがいなく、このことが私《わたし》を後押《あとお》ししてくれました。

人種統合が始まった時、私《わたし》は世間に対して、自分たちの社会は、健全で、美しく、かけがえがないことを証明したいと心から思いました。似たような環境《かんきょう》で育った人に出会えば、それに気づいたことを態度で示したいと思いました。今よりずっと恵《めぐ》まれない境遇《きょうぐう》で、はるかに多くのことをなしとげてきた人たちの肩《かた》の上に、私《わたし》は常に立ってきたのだと、そう思っています。だとすれば、自分も人の役に立たなければならない、与《あた》えられた人生で自分にできることをしないわけにはいかない、そう考えるようになりました。私《わたし》はよく昔をふりかえり、人々《ひとびと》が経験した悲しみや苦しみ、不平等を考えずにはいられません。それでもなお、先人たちは前に進みつづけ、人を愛し、希望をもちつづける手立てを見出してきたのです。そのような事実が私《わたし》の人生における仕事に活力を与《あた》え、同じことを未来の世代のためにしていこうと思わせてくれる原動力になっています。

——あなたが実践《じっせん》している日々《ひび》の規範《きはん》や日課はなんですか?

人の行動には、その動機となったさまざまな問題があるものです。そして気をつけていないと、その問題を起こした人たちへの怒《いか》りや憎悪《ぞうお》にからわれ、まわりが見えなくなってしまうことがあります。しかし私《わたし》は、ラインホールド・ニーバーが言った「愛は動機だが、正義は道具である」*〈ⅳ〉という言葉をいつも心にとめています。私《わたし》はつきつめれば、常に愛の側にとどまらなければならないと教えられてきたように感じています。簡単《かんたん》ではありませんが、もし、憎悪《ぞうお》や怒《いか》りにかられて行動することを自分に許してしまえば、じつは、敵ではない人たち、残虐《ざんぎゃく》な行為《こうい》を犯《おか》してはいない人たちを愛する力までも損《そこ》なってしまうことになるのです。ひいては愛情に価値《かち》を見出せなくなり、そうなるともう、まともな人間ではなくなってしまうでしょう。

この国の、とくに、アフリカ系《けい》アメリカ人の歴史がすばらしいのはそういうところです。奴《ど》隷《れい》解放が行われた時、アフリカ系《けい》アメリカ人には、自分たちを迫害《はくがい》し、奴隷《どれい》にしてきた人たちを憎《にく》む正当な権利《けんり》がありました。「復讐《ふくしゅう》したい」と言うことだってできたはずです。しかし、彼《かれ》らは、「平等な機会がほしいだけだ」と言いました。筋《すじ》が通らないのに、本能的に和解を求めたのです。にもかかわらず、私《わたし》たちアフリカ系《けい》アメリカ人は、脅迫《きょうはく》され、迫害《はくがい》を受け、数十年におよぶリンチや暴力によって、消しさることのできない精神的ダメージを負いました。しかし、その時期でさえ、人々《ひとびと》は「こうなったら、死を賭《と》して反乱《はんらん》を起こそう」とは言いませんでした。説得を試み、黒人社会の将来《しょうらい》を考えた方策《ほうさく》を訴《うった》えつづけたのです。復讐《ふくしゅう》を求めず、ただ安全を求めたのでした。

私《わたし》は、キング牧師*〈V〉のこと、そして、黒人社会において、あのすばらしい公民権《こうみんけん》運動を率《ひき》いた人たちのことを考えます。「バスを燃やそう、われわれを排除《はいじょ》する社会制度はみな壊《こわ》してしまおう」、そう言うほうがずっと簡単《かんたん》だったはずです。しかし彼《かれ》らは、心の中にあった愛の力で、同じ黒人たちに、頑《かたく》なな考えに同調したり惑《まど》わされたりすれば、自分たちの利益にならないことを理解させようと努めたのでした。私《わたし》はこうした歴史的な経緯《けいい》から、人間はそのほうが楽だからというだけで何かをするわけではないことを知りました。勇気がなかったからでもないし、そのほうが現実的だとか、簡単《かんたん》だとか、そういうわけでもありませんでした。問題の核心《かくしん》には、愛の側にとどまっていれば、憎悪《ぞうお》に左右されたり背中《せなか》を押《お》されたりすることはないという土台となる認識《にんしき》が、かねてよりあったからなのです。「目には目を」はありえません。そんなことをしたら、みんなの目が見えなくなってしまいます。「殴《なぐ》られたら殴《なぐ》りかえす。殺されれば殺しかえす」という思考はありえません。そして今、世界中に見られる、変化に対応できる真の正義のすぐれたモデルは、憎悪《ぞうお》や頑《かたく》なさ、迫害《はくがい》や虐待《ぎゃくたい》などを超《こ》えたもの、つまり、救済《きゅうさい》や和解や修復を重んじる補償《ほしょう》的な考えをよりどころにしているのです。

私《わたし》は何度も失敗したことがあるのでわかりますが、失敗すれば、もう一度チャンスを与《あた》えてほしい、名誉《めいよ》を挽回《ばんかい》したいと願います。自分ではそう願っているのに、人にはそのチャンスを与《あた》えない、そんなわけにはいきません。さまざまな課題や問題を処理《しょり》していく時、不寛容《かんよう》である必要はないし、人を憎《にく》んだり、暴力に走ったりする必要はないのです。それは建設的な道ではなく、それで何かがうまくいくわけでもないし、人間として本来あるべき姿《すがた》を示せるわけでもありません。

肌《はだ》の黒い、

あるいは褐色《かっしょく》の子どもたちにむかって、

今もこう言わなければならないと思うと

胸《むね》が痛《いた》む。

『きみが親切だろうと勤勉《きんべん》だろうと

変わりはない。きみはこの先、

殺されるかもしれない危険《きけん》をかわしながら

生きていかなければならない。

警官《けいかん》に疑《うたが》われた時は、

決して冷静さを失ってはいけないよ』と。

――あなたの人生や決断を支えている指針《ししん》や哲学《てつがく》はありますか？

私《わたし》がまず大切にしているのは、世界を変え、正義を確立するには、助けを求める人たちや困《こま》っているコミュニティに、こちらから寄り添《そ》わなければならない、という考えです。私《わたし》は、この「寄り添《そ》う」という考えがとても大切だと思っています。助けようとしている人たちからはなれていては、弁護士として実際に力を貸すことができません。苦しんでいる人たちのそばに行ってはじめて、その問題について知ることができると思っています。政治家が私《わたし》たちの期待にこたえられないのは、彼《かれ》らの政策《せいさく》が、はなれたところで作られていることが多いからです。近づけば、遠くにいては聞こえないことが聞こえます。はなれていては見えないことが見えるのです。そばにいれば、助けるために何を知っておくべきかがわかると考えています。あらかじめ答えがわからなくてもいい。解決策《かいけつさく》を携《たずさ》えていくことはできなくても、そばに寄り添《そ》えば、それが見つかるものです。

二つ目に、いくつかの国で、あるいは世界中で、大きな問題となるような政治課題の背景《はいけい》には、さまざまな「物語」があると私《わたし》は思います。しかし私《わたし》たちは、しばしば、そうした議論《ぎろん》や問題そのものにばかり目を奪《うば》われ、背景《はいけい》にある物語に耳をすまそうとしません。ですから、土台となっている物語に注意をはらわなければならないし、その物語を変えることに努めなければならないと思います。

たとえばこの国では、麻薬《まやく》との戦いを宣言《せんげん》するという誤《あやま》った施策《しさく》によって、大量投獄《とうごく》が起きています。薬物中毒や薬物依存《いぞん》になった人々《ひとびと》は犯罪者だと決めてしまったからです。犯罪者なのだから、刑事《けいじ》司法制度を適用して罰《ばっ》するのだと。しかし、そんな選択《せんたく》をする必要などありませんでした。薬物中毒や薬物依存《いぞん》は健康問題であり、だとすれば、その問題に対処《たいしょ》できる健康保険制度が必要だと言えばよかったのです。彼《かれ》らを病人ではなく犯罪者と呼《よ》んでしまった理由は、恐《おそ》れと怒《いか》りの政治に関係していると思います。そのような政治に根ざした政策論議《せいさくろんぎ》の背景《はいけい》には、やはり物語があります。

恐《おそ》れと怒《いか》りは、迫害《はくがい》や不正、不平等についてまわる要素だと思います。恐《おそ》れと怒《いか》りによる支配を許してしまうと、許容すべきではないことを許容してしまいます。

受けいれるべきでないことを受けいれてしまうでしょう。世界のどこであれ、迫害《はくがい》や権利侵《けんりしん》害《がい》がある土地へ行き、弾圧《だんあつ》を行っている者たちに、なぜそんなことをするのかとたずねたなら、彼《かれ》らは恐《おそ》れと怒《いか》りの物語を語るでしょう。アパルトヘイトの維持《いじ》は、恐《おそ》れと怒《いか》りの政策《せいさく》によって擁護《ようご》されていました。ホロコーストは恐《おそ》れと怒《いか》りによって正当化されていたのです。ルワンダでの大量虐殺《ぎゃくさつ》もそう。こうした問題はみな、その核心《かくしん》に恐《おそ》れと怒《いか》りの物語がある。だから、その物語を変えなければなりません。私《わたし》はこの国における人種的不平等の「物語」を変えようと努めているのです。

アメリカにおいて、私《わたし》たちは自由ではありません。大気中にスモッグのように漂《ただよ》ってきた人種的不平等の歴史という重荷を背負《せお》わされています。あまりに長いあいだ沈黙《ちんもく》を続けてきたので、その沈黙《ちんもく》を破るには、これまで話題にしてこなかった問題を語ろうとしなければなりません。じつは、アメリカ合衆国《がっしゅうこく》は、大量虐殺《ぎゃくさつ》を経てできた社会なのだと私《わたし》は考えています。ヨーロッパの人たちがこの大陸へやってきた時、何百万人もの先住民を殺戮《さつりく》しました。大量虐殺《ぎゃくさつ》です。しかし、この国の人たちは、人種のちがいという物語を創作《そうさく》しました。先住民は野蛮人《やばんじん》だと言って、その暴力を正当化したのです。そして、その物語こそが、数世紀におよぶ奴隷制《どれいせい》を生みだしました。アメリカの奴隷制《どれいせい》がもたらした真の害悪は、意に反した隷属《れいぞく》や強制的な労働ではありません。問題なのは、白人のほうがすぐれているという意識、黒人は白人と同じではない、白人ほど優秀《ゆうしゅう》ではない、という考え方です。ですから、こうしたさまざまな物語と対峙《たいじ》し、変えていくことが、私《わたし》にとってとても重要なのです。だからこそ博物館を建て、記念館を作りました。*〈vi〉この国では、黒人は危険《きけん》で罪を犯《おか》しているものだという前提があります。そうした前提と、また、それを支える「物語」とむきあい、異議《いぎ》を唱えないかぎり、私《わたし》たちがめざしている場所にはたどりつけないでしょう。

三つめの指針《ししん》は、私《わたし》たちは希望をもたなければならない、ということです。自分自身が希望を失っていては、社会を変え、正義を実現することはできません。絶望は正義の敵だと私《わたし》は思います。希望がもてないところには、不正義がはびこります。だから希望は大きな力であり、希望があるからこそ、「すわれ」と言われた時に立ちあがることができるのだし、「だまれ」と言われても声をあげることができるのです。これは精神の方向性の問題です。決して絵空事ではなく、逆境や困難《こんなん》に直面した時に、どちらに顔をむけて立つか、という問題なのです。

私《わたし》は今まで何度も、見たことがないものを信じて行動する必要がありました。弁護士をしている人に会ったのはロー・スクールに入ってからです。この援助《えんじょ》組織を立ちあげたのは、死刑《しけい》囚《しゅう》の権利《けんり》をないがしろにしてきた州でのことでした。そして、法律《ほうりつ》問題をあつかう非営利団体が博物館や記念館を建てることなど無理だろうと、多くの人たちが思っていました。でも、私《わたし》たちには希望がありますし、それが鍵《かぎ》だと私《わたし》は思っています。

そして最後の指針《ししん》は、やっかいで手間のかかる問題に進んでとりくむべきだ、ということです。楽で簡単《かんたん》なことばかりしていたら変化は起こらないし、正義は達成されません。私《わたし》たちは人間である以上、生物学的、心理学的に、楽なことをするようプログラムされています。裏返《うらがえ》して言えば、楽ではないことを意図的にする必要があるのです。それには、なんらかの目的と、いくらかの慎重《しんちょう》さと、ほんの少しの勇気が必要です。しかし私《わたし》は、それこそが、より健全なコミュニティを作る鍵《かぎ》になると信じています。やりたくはありませんが、必要なこととして受けいれています。正義が行きわたり、平等が謳歌《おうか》され、自由が勝利をおさめている、そして、だれもやっかいで手間のかかることをする必要がない、そういう事例をさがしてきましたが、そんなものは見つかりません。私《わたし》にとって、これは避《さ》けて通れない道になっています。

すばらしいことに、私《わたし》たちのまわりには、人に寄り添《そ》い、物語を変え、希望を失わず、やっかいな問題にとりくんできた人たちがたくさんいます。私《わたし》はアラバマ州モンゴメリーで活動してきました。苦労することの多い町ですが、同時に、勇気を与《あた》えてくれる町でもあります。少し疲《つか》れていると感じた時は、窓《まど》から外を見て、六十年前にこの仕事をしていた人たちのことを考えればいい。彼《かれ》らはしばしば、「私《わたし》の頭は血まみれだが、うつむいてはいない*〈vii〉」と言わねばなりませんでした。私《わたし》は、そこまで言う必要に迫《せま》られたことはありません。そして改めて、先人たちがなしとげたことを考えれば、ここでやめてしまってよい理由などひとつもない、そう思うのです。人に寄り添《そ》い、「物語」を変え、希望を失わず、やっかいな問題にとりくむ、そうして初めて、正義が行われ、平等が達成されるのだと、私《わたし》は心からそう信じています。

――これまでの人生やキャリアにおいて、目標を達成するために最も重要なことは何でしたか？

まず大切なのは、人からの助けを拒《こば》まず、どんな援助《えんじょ》もありがたく受けいれることだと思います。この活動を始めた時は、事実上、職員はだれもいませんでしたし、仲間を集めるのにもとても苦労しました。時間がたつにつれて、それも変わりました。使命感にかられた人々《ひとびと》がたくさんいて、本当に幸運だったと思います。この活動は、やれと命じてやらせることができるものではありません。頼《たの》めばやってもらえるだろうと期待するものでさえないのに、人が集まってくれたのは、私《わたし》たちが門戸をひらいていたからです。

次に、戦略的でなければなりません。大きな問題にとりくんでいる時は、不平等や不正義を見たからといって、すぐにやりたいと思ったことをやってはいけません。短絡《たんらく》的に反応してはならないのです。「先を見越《みこ》して、真に有効なことは何か？」と考えるべきです。弁護を依頼《いらい》してきた人たちのことを第一に考え、彼《かれ》らに必要なことを常に考えていなければならないのです。そしてそれは、自分に必要なことと一致《いっち》しているとは限りません。まず依頼人《いらいにん》のことを考え、求められていることを大切にすれば、そうしなかった場合とはまたちがった選択《せんたく》ができるでしょう。

三つ目は、自分のしていることを好きにならなければなりません。私《わたし》は自分が暮《く》らしている州に、こんなにも恐《おそ》ろしい不平等の歴史があることがとても残念です。疎《うと》んじられた人々《ひとびと》に激《はげ》しい暴力や刑罰《けいばつ》が加えられてきた残酷《ざんこく》な歴史があるのです。そしてこの州の貧困《ひんこん》問題がとても深刻《しんこく》で、こんなにも多くの不平等や苦しみがあることが残念です。しかし、こうした問題に対して、ささやかながら私《わたし》にできることがあり、それを実際に行う機会に恵《めぐ》まれ、今までしつづけることができたのはありがたいことです。その事実が私《わたし》に喜びを与《あた》えてくれます。おかげで自分の人生にも意味と目的があり、価値《かち》があると思えるのです。目的があり、価値《かち》があって、喜びに満ちていると思える人生を送れる人間は、そう多くないのではないでしょうか。

やろうとしていることに価値《かち》が見出せたことで、私《わたし》たちは、これが非常に意味のある、前むきな活動だと思えるようになりました。こうして肯定《こうてい》感を感じれば、ふつうなら進んで引きうけようとしないことを、どうにかやってみようと思うようになるものです。根本にある思いは、人の役に立つこと。助けを求めている人たちがもっとも必要としているものは何かを考えていれば、それがまた、今まで自分たちがめざしてきたものを実現する道筋《みちすじ》を示してくれる、そう強く思っています。

――これまでの人生やキャリアを通じて、あなたが学んできた最大の教訓は何ですか？

まずは、勇気をもたなければならないということ。時には、まわりから「すわれ」と言われても、立ちあがらなければなりませんし、「だまれ」と言われても、声を上げなければならない時があります。つまり、勇敢《ゆうかん》でなければならない時があるのです。人は頭の中にある考えだけでできているわけではありません。むろん、私《わたし》たちはみな、できるだけ多くの情報を吸収《きゅうしゅう》しなければならないし、充分《じゅうぶん》な情報をもち、戦略的に賢《かしこ》く立ちまわりたいと思うものです。状況《じょうきょう》の複雑さを理解しておくことは重要でしょう。

しかし突《つ》きつめれば、世界を変えるのは頭の中の考えではありません。その考えが胸《むね》の奥《おく》にある信念に支えられて初めて、世界を変えられるのだと私《わたし》は思います。つまり、何が正しくて、

★ C.V.オールズバーグ 作　村上春樹 訳 ★

急行「北極号」 ★コルデコット賞

幻想的な汽車の旅へ……。少年の日に体験したクリスマス前夜のミステリー。映画「ポーラー・エクスプレス」原作本。
●1,500円（24×30cm／32ページ）

ジュマンジ

ジュマンジ……それは、退屈してじっとしていられない子どもたちのための世にも奇妙なボードゲーム。映画「ジュマンジ」原作絵本！
●1,500円（26×28cm／32ページ）

魔術師アブドゥル・ガサツィの庭園

★コルデコット賞銀賞

「絶対に何があっても犬を庭園に入れてはいけません——引退した魔術師ガサツィ」ふしぎな庭で、少年が体験した奇妙なできごと。
●1,500円（25×31cm／32ページ）

★ シェル・シルヴァスタイン　村上春樹 訳 ★

おおきな木

おおきな木の無償の愛が、心にしみる絵本。絵本作品の「読み方」がわかる村上春樹の訳者あとがきは必読。
●1,200円（23×19cm／57ページ）

はぐれくん、おおきなマルにであう

名作絵本『ぼくを探しに』（講談社）の続編が村上春樹・訳で新登場！ 本当の自分を見つけるための、もうひとつの物語。
●1,500円（A5変型判／104ページ）

あすなろ書房の本

［10代からのベストセレクション］

『ねえさんといもうと』より ©2019 by Komako Sakai

表示価格は、税別です　2020.4.1

何が公平で、何が公正なのか、心の声に耳を傾《かたむ》けるのです。いくら有効な戦略があっても、それが公平、公正で正しい行為《こうい》と言えなければ、そのような戦略からは手を引くべきでしょう。頭で考えるだけでなく、心の底から信じて動くこと［が大切］だと思います。

もうひとつ、時には、居心地《いごこち》の悪いところや困難《こんなん》な状況《じょうきょう》に自分の身をおき、目撃者《もくげきしゃ》になれということです。これについては、ハヴェル*〈ⅷ〉がこう語っています。ソ連が東ヨーロッパを支配していた時代、ハヴェルら反体制派《は》が望んでいたのは、存在《そんざい》を知ってもらうこと、資金を調達すること、そして、自分たちの闘争《とうそう》を国民に認識《にんしき》してもらうことだった。そして、それには希望さえあればよかった、と言っています。そして、希望とは、悲観より楽観を好むことではなく、「どちらに顔をむけて立つか」であり、時には絶望的な状況《じょうきょう》に進んで身をおき、目撃者《もくげきしゃ》になろうとする意思である、と。この目で確かめ、人権《じんけん》を代弁し、人間の尊厳《そんげん》や平等、正義や公正、そして時には贖罪《しょくざい》さえも代弁するという行為《こうい》には、何か強い力があります。目撃者《もくげきしゃ》になろうとするこうした使命感は、私《わたし》自身の思考や活動にとって、ますます欠かせないものになっています。

私《わたし》が拘置所《こうちしょ》や刑務所《けいむしょ》で

毎日のように目にしていることを見れば、

つまり面会室で、

成人用の施設《しせつ》に収容《しゅうよう》されている

未成年者たちと言葉を交《か》わそうとすれば、

おそらく大半の人は、

私《わたし》と同じように考えるのではないでしょうか。

――過酷《かこく》な試練にさらされた時期や危機《きき》について、教えていただけますか？

危機《きき》をむかえたことは何度もあります。このことは本にも書きましたが、*〈ix〉私《わたし》たちは死刑執行《しけいしっこう》を間近に控《ひか》えた人たちを何度も見てきました。一九八九年に私《わたし》がこのプロジェクト「司法の公正構想」を立ちあげた時、三十日後に死刑《しけい》が予定されている男性がいました。私《わたし》のもとには帳《ちょう》簿《ぼ》もなければ、職員もおらず、正式に依頼《いらい》を受けられる状態ではありませんでした。彼《かれ》は私《わたし》に電話をかけてきて、こう言いました。「スティーヴンソンさん、私《わたし》の事件を担当《たんとう》してくれませんか？」私《わたし》は答えました。「申しわけありませんが、帳簿《ちょうぼ》も整っていないし、職員もいないので、まだ何もできないんです」すると、彼《かれ》はだまりこみ、電話を切りました。私《わたし》はこの時のやりとりでひどく動揺《どうよう》し、その夜はあまり眠《ねむ》れませんでした。

翌日《よくじつ》、事務所へ出勤《しゅっきん》すると、男性がまた電話をかけてきて、こう言いました。「スティーヴンソンさん、帳簿《ちょうぼ》もなく、職員もいないし、弁護士はあなた一人だということは、昨日聞いてわかっていますが、どうかお願いです。私《わたし》の事件を担当《たんとう》してください。勝てると言ってもらう必要はない。刑《けい》の執行《しっこう》を止められると言ってもらわなくてもかまわない。でも、わずかでも希望がなければ、今日から二十九日間、私《わたし》は耐《た》えられないと思います」こんなふうに言われては、ノーと言えませんでした。そこで、私《わたし》はイエスと答え、その後、刑《けい》の執行《しっこう》を止めるために、二人で精一杯《せいいっぱい》のことをやりました。しかし手続き上はとっくに手おくれで、どんな申し立てをしても、そのたびに、裁判所《さいばんしょ》から「もうおそい、おそすぎる、今からでは無理だ」と言われるばかりでした。

そして刑《けい》の執行《しっこう》予定日、最高裁《さいこうさい》から電話がかかってきて、執行《しっこう》停止を求める私《わたし》たちの申し立てが却下《きゃっか》されたことを告げられました。私《わたし》は依頼人《いらいにん》から、刑《けい》の執行《しっこう》に立ち会ってほしいと言われていました。そこで、ホールマン刑務所《けいむしょ》まで車を走らせました。当時の死刑《しけい》は、電気椅子《いす》という、人の命を絶つには野蛮《やばん》で暴力的な手段《しゅだん》で行われていました。私《わたし》が着いた時、彼《かれ》は全身の毛をそられ、そのことに大きな屈辱《くつじょく》を感じていました。二人とも必死で平静をよそおうとしましたが、彼《かれ》は感情を抑《おさ》えきれず、私《わたし》も抑《おさ》えられませんでした。二人で言葉を交《か》わし、祈《いの》りを捧《ささ》げ、涙《なみだ》を流しました。すると、彼《かれ》はこう言ったのです。「ブライアン、今日は奇妙《きみょう》な一日だったよ。朝からずっと、みんなが話しかけてくるんだ。『何かできることはないか?』って。今朝はこう言われた。『朝食は何にする?』昼になると、またやってきて言うんだ。『昼に食べたいものはあるか?』夕方にもきかれた。『夕食には何が食べたい?』って」彼《かれ》は続けた。「ブライアン、一日中そんなぐあいだった。『コーヒーをもってこようか? 水は飲みたくないか? 手紙を出すなら切手をやるぞ。電話はしなくていいのか?』」

私《わたし》が彼《かれ》の手をにぎりしめて立ちつくしていると、さらにこう言われました。「ブライアン、本当に奇妙《きみょう》な一日だった。この十四時間で『何かできることはないか?』ときかれた回数は、おれが十九になるまでに同じ言葉をかけられた回数より多かったんだから」私《わたし》は彼《かれ》の手をにぎりながら、こう思わずにはいられませんでした。あなたが三歳《さい》で虐待《ぎゃくたい》を受けた時、言葉をかけてくれる人はいなかったのか? 六歳《さい》で性的暴力を受けた時はどうだ? 九歳《さい》で母親を亡《な》くした時は? ティーンエイジャーになって薬物中毒だった時は? そして、ヴェトナム戦争から帰還《きかん》し、精神に不調をきたした時、あなたに手をさしのべるべき人たちはどこにいたのか、と。罪を犯《おか》して告発された時、彼《かれ》らがどこにいたのか私《わたし》は知っている。こぞって、あなたの死刑判《しけい》決を支持したのだ。こうした疑問《ぎもん》が頭の中に響《ひび》いていたので、彼《かれ》が私《わたし》の手から引きはなされて電気椅子《いす》に固定され、処刑《しょけい》されてしまったことは、この上なくつらい出来事でした。私《わたし》はこの経験に長いあいだ苦しめられました。

彼《かれ》はヴェトナム戦争からの帰還兵《きかんへい》でしたが、最後の時間をともにすごしたことを感謝する姿《すがた》は、私《わたし》がこの闘《たたか》いを、まったく異《こと》なる視点《してん》でとらえはじめるきっかけとなりました。私《わたし》は気づいたのです。死刑《しけい》の問題は、その人物が犯《おか》した罪が死に値《あたい》するかどうかではない。この問いは前提としてまちがっている。何よりもまず問わなくてはならないのは、「われわれに人を殺す権《けん》利《り》があるのか?」ということだと。司法制度が、罪を犯《おか》した金持ちを無実の貧乏人《びんぼうにん》より優遇《ゆうぐう》している時、つまり司法制度が経済力《けいざいりょく》や政治力によってゆがめられ、誤《あやま》った判決が下されている時、大切なのは、被告《ひこく》が何をしたか、だけではなく、われわれが何をしているのか、なのです。

私《わたし》は、あのようなせっぱつまった瞬間《しゅんかん》にも、自分がすべきことは、死刑《しけい》を宣告《せんこく》された人たち、獄中《ごくちゅう》にある人たち、社会から排除《はいじょ》された人たちに寄り添《そ》うことだと感じました。たとえ自分が苦しい立場に立たされるとしてもです。むずかしい立場におかれることになりますが、人間は、その人が犯《おか》した最悪の罪だけでなりたっているのではないと考えるなら――そして、私《わたし》もそう考えているのですが――、だれかがうそをついたとしても、その人にはうそつきというひと言ではくくれない部分があり、何かを盗《ぬす》んだとしても、その人は泥棒《どろぼう》というだけではなく、たとえだれかを殺したとしても、殺人犯というだけではないはずです。ですから私《わたし》は、そうした、告発され、嫌疑《けんぎ》をかけられ、有罪判決を受け、死刑《しけい》を言いわたされた人たちの側に立ち、彼《かれ》らの人間としてのそれ以外の部分のために弁護を引きうけずにはいられません。

私《わたし》たちが今いる場所に至《いた》る道を見つけるのは、骨《ほね》の折れる大変な経験でしたが、それは必要な過程でした。うまくいったこともたくさんあり、勝訴《しょうそ》した裁判《さいばん》もたくさんあります。すべての裁判《さいばん》に勝ったわけではありませんが、しかしそういう時にこそ、旅は直線で測ることはできない、谷の深さを測り、山の高さを測らなければならないことに気づくのではないでしょうか。曲がりくねった困難《こんなん》な道もすべて測らなければ、どのような道だったのか、どのような旅だったのかを正しく評価することはできません。それはまさしく私《わたし》の人生にあてはまります。私《わたし》は何度も、依頼人《いらいにん》がくぐりぬけてきたことを知って言葉をなくし、打ちのめされ、重い責任を感じましたが、そのような瞬間《しゅんかん》がなかったら、私《わたし》たちが今この場にいて、このようなことをやろうとしてはいなかったでしょう。

――ご自身が失敗した時や目標を達成できなかった時、どのように対処《たいしょ》してきましたか？

ある程度の失敗は織りこんでおくべきだと思います。そうでないとリスクを避《さ》けるようになり、何もしなくなってしまいます。リスクを冒《おか》さなかったり、一度うまくいかなかったことに再び挑戦《ちょうせん》しようとしなければ、助けを必要とする人たちを、彼《かれ》らが望むような形で救うことはなかなかできません。そういう方向をめざせば失敗もするでしょうが、すべてがうまくいくものではありませんから。

人類の歴史は偉大《いだい》な教師だと思いますが、おもしろいことに、私《わたし》を奮《ふる》いたたせてくれる人物の多くは、時に過《あやま》ちを犯《おか》す勇気、つまり、うまくいかなかった戦略を実行する勇気をもっていた人たちです。そうした史実はみな、私《わたし》がやろうとしていることに影響《えいきょう》を与《あた》えています。キング牧師はジョージア州オールバニーへ行きましたが、人種差別撤廃《てっぱい》を実現することはできませんでした。しかし、オールバニーで学んだことは、セルマやバーミングハムなど、一九六〇年代の公民権法《こうみんけんほう》の制定*〈x〉に影響《えいきょう》を与《あた》えた町での活動に生かされました。失敗を恐《おそ》れないことは、リーダーの資質として、そして社会にちがいを生みだすために、欠かせないもののひとつなのです。

――あなたにとってリーダーシップとは？

　自分がこの社会で何を実現したいと思っているかを人々《ひとびと》に示すこと。そして、どんなに重い責任でも、進んでその責任を負うこと。また、健全な社会のために大切だと思う条件や価値観《かちかん》を表現することです。大切なものの中には、共感や寛容《かんよう》、思いやり、そして、必ずしも賛同できないけれど理解する必要のあることに耳を傾《かたむ》ける姿勢《しせい》が含《ふく》まれると、私《わたし》は思っています。

　まさにリーダーシップとは、共通のゴール、共通の目的、共通の達成目標を全員に理解させ、そしてそれを実現するために、できるだけ多くの人の力を結集することなのです。

――今、世界で、もっと必要なことは何だと思いますか？

私《わたし》は、激《はげ》しさをましている恐《おそ》れと怒《いか》りの政治についてとても心配しています。私《わたし》たちはみな、恐《おそ》れと怒《いか》りの政治をはねのける決意を固める必要があると思います。でないと、対立や論争《ろんそう》、戦争や危機《きき》に巻《ま》きこまれてしまうでしょう。世の中には、怖《こわ》いと思うことがたくさんあります。腹《はら》の立つことも日々《ひび》起きるでしょう。人間の経験や心理から恐《おそ》れと怒《いか》りをとりのぞくことはできませんが、秩序《ちつじょ》ある社会や共同体として、個人や家族として、恐《おそ》れや怒《いか》りから生みだされたのではないやり方で、自らを律《りっ》しようと決意することはできます。私《わたし》たちは、希望や愛を動機にしなければなりません。単純《たんじゅん》だと思われるかもしれませんが、実際、それこそが土台なのです。怖《こわ》いから、腹《はら》がたつからという理由で政策《せいさく》を決定し、恐《おそ》れと怒《いか》りに根ざした習慣や法律《ほうりつ》を作っていると、不平等や不正義を助長する危険性《きけんせい》が増します。私《わたし》たちはひとつの共同体として、ひとつの世界として、力を合わせてそれに対抗《たいこう》しはじめなければならないと思います。

最近、ある女性に話をうかがったのですが、その方の視野《しや》ははるかに広いものでした。彼女《かのじょ》は、時には別の視点《してん》から見ることが有益であるわけを教えてくれました。すなわち、私《わたし》たちはみな、地球という惑星《わくせい》の上にいるのだから、だれもがとりあえず地球人であることが出発点だ、というのです！　ほかの分類はそのあとに来るものだと。そうです。私《わたし》たちはこの惑星《わくせい》の存続《そんぞく》を願っています。そして、そろそろ、自分たちを地球人と定義しなおしてもよいのではないでしょうか。そうすれば人類は、自らを互《たが》いに戦争や紛争《ふんそう》を起こす国々《くにぐに》の小さな集合体と考えるのをやめ、そんな考えでは決して実現できないことにとりくむ意欲《いよく》をもてるのではないでしょうか。恐《おそ》れと怒《いか》りは、国家や社会集団の関係において人々《ひとびと》を動かし、組織化する原動力になっていますが、今こそ、それに対抗《たいこう》しなければなりません。

――二十歳《はたち》だった頃《ころ》の自分にアドバイスするとしたら？

二十歳《はたち》の自分には、夢は大きくもて、と言うでしょう。当時は、自分がこんなにさまざまな経験をすることになるとは、ほとんど想像していませんでした。なりゆきでこうなったようなものです。考えていたことだとは言えませんね。それに、もっとよく考えていたら何かがちがったかときかれたら、それは正直言って、よくわかりません。でも、おまえは自分が見てきた以上のことをやりとげられる、と言われていたら、それは力になったと思います。だれかに、「いや、とにかく夢は大きくもつべきだ。そうすれば、どんなことでも実現できる」と言われていたら、ありがたかったでしょう。二十歳《はたち》の自分にはこう言いたいですね。「醜《みにく》いこと、不快なこと、憎《にく》むべきことに心を乱《みだ》されるな。問題には対処《たいしょ》しなければならないし、目をそむけることはできない。でも心は、美しいもの、胸《むね》おどるもの、力をくれるものに常にむけておけ。つきつめれば、そうしたものこそが、社会の中ですべきことをするためのエネルギーを与《あた》えてくれる要素だからだ。夢は大きく。夢は大きく」と。

この国では、

大量投獄《とうごく》によって生みだされた痛《いた》みや苦しみ、

不平等を、あまりに多くの人々《ひとびと》の目から

隠《かく》すことを容認《ようにん》してきました。

警察権力《けいさつけんりょく》によって作られた苦難《くなん》を、

多くの人が知らずにいることを

ゆるしてきたのです。

その障壁《しょうへき》をこわせば、

人々《ひとびと》はきっと、だまっていられないでしょう。

ブライアン・スティーヴンソンについて

ブライアン・スティーヴンソンは公益弁護士で、アメリカ合衆国《がっしゅうこく》における大量投獄《とうごく》や過大な量刑《りょうけい》をなくすことを目的とする組織、〈司法の公正構想〉の創立者《そうりつしゃ》。一九五九年十一月十四日、デラウェア州南部にある小さな貧しい田舎《いなか》町に生まれる。奨学金《しょうがくきん》を得てペンシルヴェニア州にあるイースタン大学で哲学《てつがく》を専攻《せんこう》し、一九七七年に文学士号を取得。その後、一九八五年にハーヴァード大学の大学院であるケネディ・スクールで公共政策《せいさく》学の文学修士号を、同じくロー・スクールで法学博士号を取得。

卒業後、スティーヴンソンはジョージア州アトランタへ移り、南部人権《じんけん》センターに弁護士として勤務《きんむ》。そこで死刑囚《しけいしゅう》や死刑《しけい》を求刑《きゅうけい》されている被告《ひこく》の弁護を始める。一九八九年、アラバマ州モンゴメリーに〈司法の公正構想（ＥＪＩ：the Equal Justice Initiative）〉という非営利の法律《ほうりつ》相談センターを開設、現在も代表を務めている。ＥＪＩは、未成年に対する仮釈放《しゃくほう》なしの終身刑《しゅうしんけい》や死刑《しけい》の廃止《はいし》、刑事《けいじ》司法制度における人種差別の撲滅《ぼくめつ》をめざして闘《たたか》っている。スティーヴンソンと同僚《どうりょう》たちは、百三十五名を超《こ》える、不当に死刑《しけい》判決を受けた受刑者《じゅけいしゃ》に対する救済措《きゅうさいそ》置《ち》や判決の破棄《はき》、釈放《しゃくほう》を勝ちとってきた。

二〇一八年、ＥＪＩはアラバマ州モンゴメリーに「歴史遺産《いさん》博物館——奴隷制《どれいせい》から大量投獄《とうごく》まで（the Legacy Museum: From Enslavement to Mass Incarceration）」を開設した。この博物館には、かつて奴隷《どれい》倉庫があった場所に建てられたという地理的な意義とともに、アメリカにおける人種にもとづく不公正の歴史や不平等による負の遺産《いさん》について、人々《ひとびと》を啓蒙《けいもう》し、対話を促進《そくしん》するための活動拠点《きょてん》としての役割《やくわり》がある。ＥＪＩは同年、やはりモンゴメリーに「平和と公正のための全米記念館（the National Memorial for Peace and Justice）」を開設。二万四千平方メートルの敷地《しきち》には、八百を超《こ》える錆《さ》びた鉄柱のモニュメントがならび、そのひとつ一つが、黒人が白人による私刑《リンチ》によって殺害された全米の郡を表し、柱には犠牲《ぎせい》になった人たちの名が刻《きざ》まれ、人々《ひとびと》はここに集《つど》って、アメリカの人種的不平等の歴史に思いを致《いた》すことができる。

　またスティーヴンソンは、ニューヨーク大学ロー・スクールの教授で、"*Just Mercy: A Story of Justice and Redemption*（邦訳《ほうやく》『黒い司法』、宮崎《みやざき》真紀訳《やく》、亜紀書房《あきしょぼう》、二〇一六年）"の著者《ちょしゃ》でもある。同書はニューヨークタイムズ紙のベストセラーリストに一七〇週以上連続で載《の》り、*〈xi〉二〇一九年には、マイケル・B・ジョーダン、ジェイミー・フォックス、ブリー・ラーソンらの出演で映画《えいが》化された（邦題《ほうだい》『黒い司法　0%からの奇跡《きせき》』）。

　スティーヴンソンは数多くの賞を贈《おく》られているが、主なものは、「天才助成金」とも呼ばれるマッカーサー基金の助成金、アメリカ自由人権《じんけん》協会によるナショナル・メダル・オヴ・リバティ、全国公益弁護士協会による年間最優秀《ゆうしゅう》公益弁護士賞、世界の人権《じんけん》活動家に贈《おく》られるオロフ・パルメ賞、全国黒人地位向上協会によるウィリアム・ロバート・ミン弁護士賞、すぐれた公益事業に贈《おく》られるベンジャミン・フランクリン・メダルなどがある。また、ハーヴァード、イェール、プリンストン、オックスフォードをはじめとする二十九の大学から名誉《めいよ》博士号を贈《おく》られている。アラバマ州モンゴメリー在住、同地で活動。

eji.org

プロジェクトについて

「真のリーダーは、緊張《きんちょう》を和《やわ》らげることに注力しなければならない。細やかな配慮《はいりょ》を要する複雑な課題にとりくんでいる時はとくにそうだ。過《か》激《げき》な勢力が力を伸《の》ばすのは社会が緊張《きんちょう》状態にある時が多く、感情にまかせれば合理的に考えられなくなる」　――ネルソン・マンデラこのシリーズは、ネルソン・マンデラの生涯《しょうがい》に着想を得て、現代の影響力《えいきょうりょく》をもつリーダーたちが真に重要と考えていることを記録し、共有するために編まれました。

このシリーズは、ネルソン・マンデラ財団のプロジェクトとして、その思想や価値観《かちかん》、業績によって人々《ひとびと》を助け、奮《ふる》いたたせている六人の傑出《けっしゅつ》した多彩《たさい》なリーダーたち――男女三人ずつ――との五年にわたる独自インタビューによって構成されています。

この書籍《しょせき》の販売《はんばい》から得られた原著《げんちょ》者への著作権《ちょさくけん》料は、国際連合の年次評価によって定義されるすべての開発《かいはつ》途上国《とじょうこく》、または市場経済《けいざい》移行国における翻訳《ほんやく》、ならびに本シリーズの内容にもとづく映画《えいが》、書籍《しょせき》、教育プログラムを無償《むしょう》で閲覧《えつらん》する権利《けんり》を支援《しえん》するために用いられます。

iknowthistobetrue.org

企《き》画《かく》・制作

「良い頭と良い心は、つねに最強の組み合わせだ」
——ネルソン・マンデラ

ブライアン・スティーヴンソンと、このプロジェクトのために惜《お》しみなく時間を割《さ》いてくれた、我々《われわれ》の励《はげ》みとなるすべての寛大《かんだい》な指導者たちに、心より感謝します。

ネルソン・マンデラ財団
Sello Hatang, Verne Harris, Noreen Wahome, Razia Saleh and Sahm Venter

ブラックウェル&ルース
Geoff Blackwell, Ruth Hobbday, Cameron Gibb, Nikki Addison Olivia van Velthooven, Elizabeth Blackwell, Kate Raven, Annie Cai and Tony Coombe

私《わたし》たちは、世界中の社会の利益のために、マンデラが遺《のこ》した稀有《けう》な精神を広める一助となることを願っています。

フォトグラファーより

本書の肖像《しょうぞう》写真は、未熟者《みじゅくもの》の私《わたし》を指導し、手助けしてくれた、ブラックウェル&ルースの才能豊かなデザインディレクター、キャメロン・ギブが率いるチームの力《ちから》添《ぞ》えのたまものです。私《わたし》はずっと、プロジェクトのどれかの写真を自分ひとりで撮《と》りたいと思っていました。撮《と》れると、うぬぼれていたといってもいいでしょう。しかし多くの試行と、かなりの錯誤《さくご》を重ねるうちに、キャメロンの惜《お》しみない指導と気配りがなければ、本シリーズの肖像《しょうぞう》写真はとうてい撮《と》れなかったことを思い知りました。

——ジェフ・ブラックウェル

ネルソン・マンデラについて

ネルソン・マンデラは一九一八年七月十八日、南アフリカ共和国、トランスカイに生まれた。一九四〇年代前半にアフリカ民族会議（ＡＮＣ）に加わり、当時政権《せいけん》を握《にぎ》っていた国民党《こくみんとう》のアパルトヘイト（人種隔離政策《かくりせいさく》）への抵抗運動《ていこううんどう》に長年携《たずさ》わる。一九六二年八月に逮捕《たいほ》され、その後の二十七年を超《こ》える獄中《ごくちゅう》生活のあいだ、反アパルトヘイト運動を推進《すいしん》するための強力な抵抗《ていこう》のシンボルとして着実に評価が高まっていった。一九九〇年に釈放《しゃくほう》されると、一九九三年にノーベル平和賞を共同受賞、一九九四年には南アフリカ初の民主的選挙によって選ばれた大統領となる。二〇一三年十二月五日、九十五歳《さい》で死去。

ネルソン・マンデラ財団について

ネルソン・マンデラ財団は、一九九九年、ネルソン・マンデラが大統領を退任したのちに、その後の活動拠点《きょてん》として設立された非営利団体です。二〇〇七年、マンデラはこの財団に、対話と記憶《きおく》の共有を通じて社会正義を促進《そくしん》する役割《やくわり》を賦与《ふよ》しました。

財団の使命は、公正な社会の実現に寄与《きよ》するために、ネルソン・マンデラの遺志《いし》を生かし、その生涯《しょうがい》と彼《かれ》が生きた時代についての情報を広く提供《ていきょう》し、重要な社会問題に関する対話の場を設けることにあります。

当財団は、その事業のあらゆる側面にリーダーシップ養成を組み入れる努力をしています。

nelsonmandela.org

注

*〈i〉“Alabama ends death penalty by judicial override”, *Associated Press*, 12 April 2017.

*〈ii〉1870年代から1965年まで米国南部で人種隔離を実施した州および地域の法律。

*〈iii〉アメリカの霊歌または讃美歌で、タイトルは“Wouldn't Take Nothin' For My Journey Now”。

*〈iv〉カール・ポール・ラインホールド・ニーバー(1892-1971)。アメリカのプロテスタント神学者で評論家。ニーバーがローマ教皇ヨハネ23世の「愛を動機に、正義を道具にせよ」という言葉を引いたのは、アメリカの作家で公民権運動に深くかかわっていたジェームズ・ボールドウィンとのインタビューにおいて。1963年、米国アラバマ州バーミングハムで16番通りバプテスト教会が爆破され、アフリカ系アメリカ人の少女4人が死亡する事件が発生し、その直後、アメリカの人種間の関係について語る中でこの言葉に触れた。

*〈v〉マーティン・ルーサー・キング・ジュニア(1929-68)。アメリカのバプテスト教会牧師で公民権運動の指導者。

*〈vi〉米国アラバマ州モンゴメリーにあるEJIの「歴史遺産博物館——奴隷制から大量投獄まで」と「平和と正義のための全米記念館」。

*〈vii〉「私の頭は血まみれだが、うつむいてはいない」は、英国の詩人ウィリアム・アーネスト・ヘンリー(1849-1903)の詩「インヴィクタス(不屈)」の一節。

*〈viii〉ヴァーツラフ・ハヴェル(1936–2011)。チェコの作家で劇作家。政治的には反体制派で、1989年、チェコスロヴァキアの共産党政権が崩壊したビロード革命で中心的な役割を果たした。1989年にチェコスロヴァキア大統領となり1992年のチェコスロヴァキア解体まで務めた。1993年から2003年までは、新たに成立したチェコ共和国の大統領。

*〈ix〉本文で触れられているブライアン・スティーヴンソンの著書は、*Just Mercy：A Story of Justice and Redemption*, (Scribe Publications, published by arrangement with Spiegel & Grau, an imprint of Random House, a division of Random House LLC, New York, USA, 2015)（『黒い司法 黒人死刑大国アメリカの冤罪と闘う』宮崎真紀訳、亜紀書房、2016年。以下、『黒い司法』。）

*〈x〉オールバニー運動、セルマからモンゴメリーへの行進、バーミングハム運動は、マーティン・ルーサー・キング・ジュニア牧師といくつかの公民権運動の団体によって組織された非暴力運動で、1960年代の米国南部における人種隔離の実態に注目を集めた。

*〈xi〉ブライアン・スティーヴンソンの著書、『黒い司法』は、出版されたとき、ニューヨークタイムズ紙のハードカバーおよびペーパーバックのベストセラーリストに172週間連続で掲載された。https://www.nytimes.com/books/best-sellers.

出典

*1　Jeffrey Toobin, "The Legacy of Lynching, On Death Row", *The New Yorker*, 15 August 2016.

*2　Bryan Stevenson, *Just Mercy: A Story of Justice and Redemption*, (Scribe Publications, published by arrangement with Spiegel & Grau, an imprint of Random House, a division of Random House LLC, New York, USA, 2015), p. 314. (『黒い司法』)

*3　同上、p.17。

Page 7: "We need to talk about an injustice", Bryan Stevenson, TED2012, to watch the full talk visit TED.com; pages 14, 19: "The Legacy of Lynching, On Death Row", Jeffrey Toobin, *The New Yorker*, copyright © Conde Nast; pages 15–16, 17: *Just Mercy: A Story of Justice and Redemption*, Bryan Stevenson (Scribe Publications, published by arrangement with Spiegel & Grau, an imprint of Random House, a division of Random House LLC, New York, USA, 2015), copyright © 2014 Bryan Stevenson; page 37: "Civil rights hero Bryan Stevenson gets movie star moment with HBO documentary True Justice", John Anderson, *Los Angeles Times*, 26 June 2019; pages 55, 65: "Bryan Stevenson: the lawyer devoting his life to fighting injustice", Jamiles Lartey, *The Guardian*, 26 June 2019, theguardian.com/tvand-radio/2019/jun/26/bryan-stevenson-lawyer-true-justice-just-mercy; pages 70,72: *Nelson Mandela by Himself: The Authorised Book of Quotations* edited by Sello Hatang and Sahm Venter (Pan Macmillan: Johannesburg, South Africa, 2017), copyright © 2011 Nelson R. Mandela and the Nelson Mandela Foundation, used by permission of the Nelson Mandela Foundation, Johannesburg, South Africa.

I Know This to Be True: Bryan Stevenson
Edited by Geoff Blackwell and Ruth Hobday

Japanese translation rights arranged with
CHRONICLE BOOKS
through Japan UNI Agency, Inc., Tokyo

NELSON MANDELA
FOUNDATION
Living the legacy

ジェフ・ブラックウェル&ルース・ホブデイ

ジェフ・ブラックウェルは、ニュージーランドを拠点に、書籍やオーディオブックの企画・制作、展示企画、肖像写真・映像を手掛けている、ブラックウェル&ルース社のCEO。編集長のルース・ホブデイと組んで、40ヵ国の出版社から本を出版している。

原田勝

はらだ まさる

1957年生まれ。東京外国語大学卒業。主に英語圏の児童書・YA作品の翻訳を手がける。訳書に『ウェストール短編集　真夜中の電話』（徳間書店）、『ブライアーヒルの秘密の馬』（小峰書店）、『コピーボーイ』（岩波書店）、『キャパとゲルダ　ふたりの戦場カメラマン』『ネルソン・マンデラ』（あすなろ書房）など。

信念は社会を変えた！

ブライアン・スティーヴンソン

2020年11月30日　初版発行

編者　ジェフ・ブラックウェル&ルース・ホブデイ
訳者　原田勝
協力　小宮由紀
発行者　山浦真一
発行所　あすなろ書房
〒162-0041 東京都新宿区早稲田鶴巻町551-4
電話 03-3203-3350（代表）
印刷所　佐久印刷所
製本所　ナショナル製本

ISBN978-4-7515-3006-1 Printed in Japan

日本語版デザイン／城所潤＋大谷浩介（ジュン・キドコロ・デザイン）